Bibliografische Information der Deutschen Nationalbibliothek:

Die Deutsche Bibliothek verzeichnet diese Publikation in der Deutschen National-bibliografie; detaillierte bibliografische Daten sind im Internet über http://dnb.d-nb.de/ abrufbar.

Impressum:

Copyright © 2018 GRIN Verlag
Druck und Bindung: Books on Demand GmbH, Norderstedt Germany
ISBN: 9783668799790

Dieses Buch bei GRIN:

https://www.grin.com/document/441526

Dustin Meißner

Wie können Organisationen lernen? Eine theoretische
Einführung mit Praxisbezug anhand der adidas AG

GRIN Verlag

GRIN - Your knowledge has value

Der GRIN Verlag publiziert seit 1998 wissenschaftliche Arbeiten von Studenten, Hochschullehrern und anderen Akademikern als eBook und gedrucktes Buch. Die Verlagswebsite www.grin.com ist die ideale Plattform zur Veröffentlichung von Hausarbeiten, Abschlussarbeiten, wissenschaftlichen Aufsätzen, Dissertationen und Fachbüchern.

Besuchen Sie uns im Internet:

http://www.grin.com/

http://www.facebook.com/grincom

http://www.twitter.com/grin_com

Seminararbeit

FOM Hochschule für Ökonomie & Management Essen, Standort Hamburg

Studiengang BWL & Wirtschaftspsychologie (B.Sc.)

Die lernende Organisation

Verfasser:

Dustin Meißner

Abgabedatum:

30.05.2018

INHALTSVERZEICHNIS

ABBILDUNGSVERZEICHNIS

TABELLENVERZEICHNIS

SYMBOL- UND ABKÜRZUNGSVERZEICHNIS

HRM   Human Ressource Management

MOOCs   Massive Open Online Courses

1   EINLEITUNG

Digitalisierung, Globalisierung, der gesellschaftliche Wandel zu einer Wissenskultur - Organisationen stehen vor großen Herausforderungen. Entwickeln sich Organisationen nicht stetig mit externen Umwelteinflüssen, wie neuen Technologien, Innovationen und Trends weiter ist die Gefahr groß vom Wettbewerb überholt zu werden. "Die Fähigkeit einer Organisation zu lernen und das Gelernte schnell in Taten umzusetzen ist der ultimative Wettbewerbsvorteil", verdeutlichte bereits der ehemalige CEO John F. Welch (*1935) von General Electric in seiner Amtszeit von 1981-2001. Die Fähigkeit zu Lernen und schnell auf Veränderungen zu reagieren ist eine zentrale Fähigkeit, die heute im Digitalzeitalter relevanter denn je ist. Die Aktualität bestätigt sich auch im Kontext des Megatrends Wissenskultur. Das Zukunftsinstitut Deutschland (2016) führt aus, "am Megatrend Wissenskultur entscheidet sich die Zukunftsfähigkeit von Individuen, Unternehmen und sogar Volkswirtschaften. Wissen bleibt Macht, aber in Zukunft können immer mehr Menschen Zugang zu dieser Macht haben …". Hinzu kommen disruptive Veränderungen in der Wirtschaft, der damit verbundene Wandel der Arbeitswelt, wie Arbeit 4.0 oder New Work und neue Arbeitsgenerationen, wie die Generation Y. Dass die Arbeitswelt der Zukunft anders sein wird, als heute beschreibt auch Andrea Nahles, Bundesministerin für Arbeit und Soziales (2017).

Es stellt sich daher die Frage, wie Organisationen in den immer schneller und komplexer werdenden Märkten, eine möglichst hohe Anpassungsfähigkeit an externe Veränderungen entwickeln – und selbst durch innovative Veränderungen gestalten können. Das Konzept der lernenden Organisation kann darüber hilfreiche Denkanstöße geben. Seit den ersten Forschungsansätzen im Jahre 1963 von den Forschern Cyert und March, weisen die Themen lernende Organisation und organisationales Lernen eine wachsende literarische Relevanz auf (Easterby-Smith & Lyles, 2011). Doch wie funktionieren lernende Organisation und wie können Organisation lernen? Das Ziel der vorliegenden Arbeit ist, das Konzept der lernenden Organisation darzustellen und im Rahmen eines aktuellen Praxisbeispiels der adidas AG einen Theorie-Praxis-Transfer zu vollziehen. Die theoretische Grundlage dieser Seminararbeit bildet dabei das Modell des organisationalen Lernens nach Argyris/ Schön (2008) sowie das Konzept der lernenden Organisation nach Peter M. Senge (2001).

2   METHODISCHES VORGEHEN UND GLIEDERUNG

Die Grundlage des methodischen Vorgehens der vorliegenden Seminararbeit bildet eine Literaturrecherche. Aufgrund der begrenzten Ressourcen hat sich der Verfasser für die Darstellung literarisch relevanter und populärer Modelle entschieden, die vielseitig zitiert werden. Die Gliederung beläuft sich auf eine Einführung in grundlegende theoretische Begrifflichkeiten, eine Modelldarstellung des organisationalen Lernens nach Argyris/ Schön (2008), die Beschreibung des Konzepts der lernenden Organisation nach Senge (2001) sowie eine Erläuterung und Reflexion des Praxisbeispiels der adidas AG. Abschließend diskutiert der Verfasser ausblickend über die Thematik.

3   THEORETISCHER HINTERGRUND UND GRUNDLEGENDE BEGRIFFE

Der Begriff der lernenden Organisation impliziert, dass Organisationen lernen können. Forscher bestätigen, dass Lernen zunächst auf der Ebene der Individuen stattfindet - und dass ein individuelles Lernen notwendig ist, damit sich ein soziales System verändert (Senge, 2001). Eine weitere Bedingung ist, dass das Wissen unter allen Akteuren und Mitgliedern geteilt werden muss. Wird Wissen nicht geteilt, kann es für Organisationen verloren gehen. Um das Konzept der lernenden Organisation darzustellen, werden in den nachfolgenden Kapiteln zunächst die theoretischen Grundlagen des individuellen Lernens, einer Organisation und des organisationalen Lernens beschrieben.

3.1   Individuelles Lernen

Wie lernt der Mensch? Der Begriff des Lernens ist, insbesondere aus der Sicht der Psychologie, längst erforscht. In der Lernpsychologie existieren zwei klassische Lerntheorien auf Ebene des individuellen Lernens: der Behaviorismus und der Kognitivismus. Eine allgemein gehaltene Definition lässt sich im Lexikon für Psychologie und Pädagogik finden. Dort wird beschrieben, dass man in der Psychologie Lernen als den absichtlichen oder beiläufigen, individuellen oder kollektiven Erwerb von geistigen, körperlichen, sozialen Kenntnissen, Fähigkeiten und Fertigkeiten versteht (Stangl, 2018). Lernen ist demnach ein Veränderungsprozess auf Ebene des Verhaltens und der Kognition, bedingt durch Erfahrungen und Einsichten. Im Duden wird das Wort lernen mit Bedeutungen wie „sich Wissen, Kenntnisse aneignen", „Fertigkeiten erwerben" und „im Laufe der Zeit [durch Erfahrungen, Einsichten] zu einer bestimmten Einstellung, einem bestimmten

Verhalten gelangen", erklärt. Senge (2001) definiert Lernen als Prozess, dass "wir uns selbst neu erschaffen" und führt aus "lernen heißt, dass wir neue Fähigkeiten erwerben, die uns vorher fremd waren". Argyris (2006) definiert Lernen als „detection and correction of errors" und stellt das Erkennen und die Korrektur von Fehlern in den Vordergrund. Diese Definition von Argyris wird eine zentrale Rolle in den Ausführungen der Lernprozesse des organisationalen Lernens einnehmen.

3.2   Organisation

Kieser/ Kubicek (1992) beschreiben Organisationen als "soziale Gebilde, die dauerhaft ein Ziel verfolgen und eine formale Struktur aufweisen, mit deren Hilfe Aktivitäten der Mitglieder auf das verfolgte Ziel ausgerichtet werden sollen". Ein entscheidendes Kriterium ist demnach die Erreichung eines gemeinsamen Ziels. Argyris/ Schön (2008) definieren darüber hinaus weitere entscheidende Charakteristika einer Organisation. Mitglieder einer Organisation müssen Regeln und Systeme entwickeln, die es ermöglichen, dass

- Entscheidungen im Namen der Kollektivität getroffen werden
- Autorität an Einzelperson delegiert wird, um für das Kollektiv zu handeln
- Grenzen zwischen der Organisation und der Umwelt gesetzt werden

Damit nach diesen Bedingungen ein Individuum im Namen der Organisation handeln und entscheiden kann, bedarf es der Bestimmung gewisser Regeln, welche den Handlungs- und Entscheidungsrahmen definieren. Dieser Prozess der Regeldefinition ist wichtig, denn erst wenn Regeln bestimmt wurden, hat man organisiert (Argyris/ Schön, 2008).

3.3   Organisationales Lernen

In der Literatur lässt sich eine Vielzahl an Definitionen des organisationalen Lernens finden. Im Folgenden wird das Konzept nach Argyris/ Schön (2008) vorgestellt. Aufgrund der eingegrenzten Ressourcen dieser Seminararbeit und der Relevanz in der Literaturrecherche, entscheidet der Autor sich für dieses Konzept. Argyris/ Schön (2008) beschreiben, dass eine Organisation lernt, wenn sie sich Information jeglicher Art aneignet. Wichtig ist, dass die Entwicklung, die durch die verarbeiteten Informationen vorgenommen wird, positiv geprägt ist und die Organisation ihr Ziel dadurch besser erfüllt. Nach Argyris/ Schön lernen Organisationen in verschiedenen Prozessen. Diese werden nachfolgend beschrieben.

3.3.1 Single-Loop-Learning

Single-Loop-Learning beschreibt einen Prozess der Anpassung. Bei dieser Form des organisationalen Lernens untersuchen Individuen das Ergebnis bzw. die Konsequenz der vorangegangenen Handlung. Diese Konsequenz wird mit dem Sollwert des Ergebnisses verglichen. Bei einer Abweichung wird die Handlungsstrategie angepasst, um das angestrebte Sollergebnis zu erreichen. Dieser Lernprozess tritt vor allem auf, wenn Fehler oder Abweichungen erkannt und korrigiert werden. Das Organisationsziel wird dabei nicht geändert (siehe Abbildung 1). Ohne den grundlegenden Charakter der Organisation zu verändern, findet bei diesem Lernprozess ein Zuwachs im Wissen durch die Anpassung der Handlung statt (Argyris/ Schön, 2008).

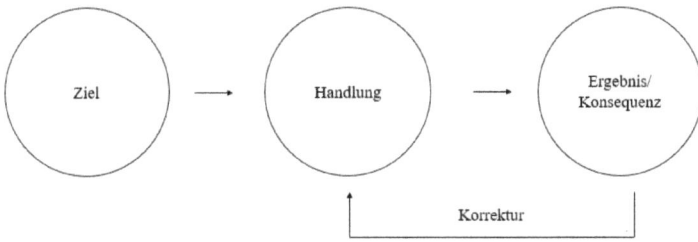

Abbildung 1: Modell des Single-Loop-Learnings in Anlehnung an Argyris/ Schön (2008)

3.3.2 Double-Loop-Learning

Die Verfasser dieses Modells beschreiben einen weiteren Lernprozess. Dieser verursacht tiefergehende Veränderungen und verlangt eine Fähigkeit der Reflexion. Bei dem Double-Loop-Learning werden organisationale Ziele, Einstellungen, Normen und Werte hinterfragt, neue Prioritäten vergeben und Werte verändert. Durch die kritische Reflexion des Organisationsziels und den damit verbundenen Einstellungen, Normen und Werten, die größtenteils implizit zu beurteilen sind, entstehen neue Handlungstheorien, um die Zielerreichung erfolgreich zu bewerkstelligen. Diese Auseinandersetzung kann zu einer Umstrukturierung der Unternehmenswerte und –normen führen. (Argyris/ Schön, 2008). Im Vergleich zum Single-Loop-Learning wird daher nicht nur die Handlung korrigiert, sondern auch das dahinterstehende Ziel, welches neue Handlungen entstehen lässt (siehe Abbildung 2).

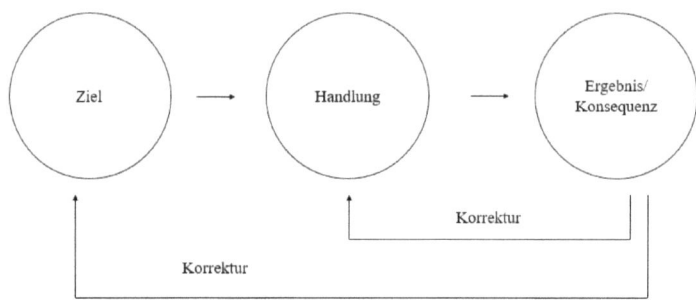

Abbildung 2: Modell des Double-Loop-Learnings in Anlehnung an Argyris/ Schön (2008)

3.3.3 Deutero-Learning

Wie kann die Organisation besser lernen? Das Deutero-Learning beschreibt die globale Reflexion und Verbesserung der gesamten Lernprozesse. Dieser Prozess ist von großer Bedeutung, um ein nachhaltiges Lernen zu fördern und Lernprozesse ganzeinheitlich zu verbessern. Neben dem Aufdecken von Mustern, die ein Anpassungslernen oder Veränderungslernen ermöglicht haben, gilt es Bedingungen und Voraussetzungen zu verstehen, die lernförderlich sind. Organisationen reflektieren demnach, welche Einflüsse das organisationale Lernen begünstigt und gehemmt haben. Daraus können neue Lernstrategien entwickelt werden (Argyris/ Schön, 2008).

4 DAS KONZEPT DER LERNENDEN ORGANISATION

Aufgrund der vielschichten Literatur werden zunächst grundlegende Merkmale lernender Organisationen zusammengefasst dargestellt und anschließend auf das Konzept eines der bekanntesten Vertreter, Peter Senge, eingegangen.

4.1 Merkmale einer lernenden Organisation

Die Merkmale lernender Organisation, die literarisch aufgeführt werden fasst Pieler (2003) übersichtlich zusammen. Eine Übersicht stellt die nachfolgende Tabelle (Tabelle 1) dar, die aufzeigt, dass ein gemeinsamer Konsens der Mitglieder, eine Orientierung an die Umwelt, die Förderung des Lernens sowie den Zugang und das Teilen von Wissen wesentliche Merkmale einer lernenden Organisation darstellen.

Tabelle 1

Merkmale lernender Organisation in Anlehnung an Pieler (2003)

Merkmale	Merkmalsausprägungen
Gemeinsamer Konsens der Mitglieder	- gemeinsame Vision (Senge 1996) - gemeinsam getragenes Wertesystem (Luczak et al. 1996)
Orientierung an die Umwelt	- permanente Interpretation der Umwelt - Organisation (Jones 1995) - Anpassung an Veränderungen durch Selbsttransformation (Pedler et al. 1996) - Ziel des Erhalts der Organisation vor dem Hintergrund einer sich ändernden Umwelt (Wittwer 1997)
Förderung des Lernens in Organisationen	- Bildung von kooperativen Teams und Arbeitsgruppen (Bullinger et al. 1996) - Beseitigung von Lernhemmnissen (Senge 1996) - integrierte Arbeits- und Lernumgebungen Lernprozessen (Simons 1994)
Zugang und Teilung von Wissen	- Aufbereitung und Kollektivierung von Wissen (Müller-Stewens/ Pautzke 1996) - Wissensverankerung durch Nutzung unterschiedlicher Distribution von Wissen - Wissensspeicher (Güldenberg 1997)

4.2 Die fünfte Disziplin nach Peter Senge

Senge (2001) beschreibt, dass der Mensch sich von Natur aus stetig verändert und lernt. Demnach auch in einer Arbeitsgemeinschaft. Er führt weiter aus, dass lernende Organisationen möglich sind, weil in jedem Menschen ein inneres Lernbedürfnis existiert. Es liegt in der Natur des Menschen. Als Beispiel führt Senge an, dass niemand einem kleinen Kind das Lernen beibringen muss, sondern dass die Neugier von allein entfaltet. In seinem Buch *Die fünfte Disziplin. Kunst und Praxis der lernenden Organisation* fokussiert Senge die lernende Organisation als Ort von systemischen Denkern und formuliert unter anderem fünf zentrale Lerndisziplinen, sieben Lernbeschränkungen sowie Systemarchetypen, die die Grundlage für die Entwicklung einer lernenden Organisation bilden. Aufgrund der begrenzten Ressourcen in dieser Seminararbeit werden letztere, trotzt literarischer Relevanz, vernachlässigt. Nachfolgend beschreibt der Autor die fünf Disziplinen nach Senge (2001):

Personal Mastery - persönliche Meisterschaft
Man lernt seine persönlichen Fähigkeiten stetig auszuweiten, um Ergebnisse zu erzielen, der man selbst eine hohe Bedeutung zuschreibt. Personal Mastery, übersetzt persönliche Meisterschaft, beschreibt aber auch den Lernprozess, sich selbst und seine Stärken und Schwächen gut zu kennen, um seine eigene Vision entwickeln zu können. Unterstützend sollte eine Umwelt geschaffen werden, die alle Mitglieder ermutigt, sich nach ihren selbstbestimmten Zielen zu entwickeln.

Mentale Modelle
Man reflektiert über die eigenen tief verwurzelten inneren Annahmen, Bilder und Symbole. Diese oftmals auch schwer zugänglichen mentalen Modelle haben einen großen Einfluss auf die Wahrnehmung der Welt (vgl. auch psychologische Heuristiken). Mit der Reflexion seiner mentalen Modelle erkennt man, wie sie die eigenen Handlungen und Entscheidungen beeinflussen.

Gemeinsame Vision
Mithilfe einer gemeinsamen Vision wird das Engagement in einer Gruppe gefördert, sie gibt die Richtung und eine Orientierung vor. Menschen und Organisationen benötigen Vorstellungen und Metaphern, die ein Bild der Zukunft zeigen.

Team-Lernen
Senge stellt heraus, dass erfolgreiche Teams immer kreativere und bessere Leistungen hervorbringen, als dies eine einzelne Person könnte. Der Dialog im Team und die Fähigkeit sich auf ein gemeinsames Denken einzulassen hat dabei eine hohe Bedeutung. Man erreicht durch gemeinsames Denken und Lernen Einsichten, die einem Einzelnen verschlossen sind.

Systemdenken

Man entwickelt eine Denkweise, mit der man die Kräfte und Wechselbeziehungen, die das Verhalten des Systems steuern, begreifen und beschreiben kann. Diese Disziplin hilft zu erkennen, wie sich Systeme effektiver verändern lassen – komplexe Systeme können nur verstanden werden, wenn man über Einzelnes hinwegblickt und das Ganze betrachtet. Systemdenken verbinden alle Disziplinen miteinander.

Senge (2001) erkennt aber auch, dass ein kontinuierliches Lernen in Organisation behindert werden kann und führt sieben Lernbeschränkungen auf. Das Ich-bin-meine-Position-Syndrom beschreibt das Phänomen, dass Mitarbeiter sich bei der Beantwortung der Frage, was sie beruflich ausüben, oftmals isoliert auf ihre operativen Aufgaben beschränken. Es fehlt der Blick über den Tellerrand hinaus, der Fokus für das Ganze. Hat man nicht den Blick für das Ganze und erkennt nicht den persönlichen Einfluss und Wertbeitrag in der Organisation, so entwickelt sich schnell eine weitere Lernbeschränkung, das Der-Feind-ist-da-Syndrom. Die Ursache von Problemen und Verantwortungen werden dabei oftmals externen Faktoren zugeschrieben. Daraus resultierend ergibt sich eine weitere Beschränkung, die Senge (2001) die Illusion von Handlung nennt. Schreibt man permanent die Ursache externen Faktoren zu, bleibt man selbst im Gefühl des Machtlosen und reagiert anstatt zu aktiv agieren. Der Veranstaltungs-Fokus beschreibt, dass es zu einer Beschränkung kommen kann, wenn Lernen als kurzfristige Entwicklung angesehen wird, anstatt als ein integraler Bestandteil der täglichen Arbeit. Auf kleinste Veränderungen aktiv und schnell zu reagieren, appelliert Senge in Bezug auf seine Lernbeschränkung das gekochte-Frosch-Syndrom. Situationen auszusitzen und erst zu reagieren, wenn es schon fast zu spät ist, stellt eine Beschränkung nach Senge dar. Mit der Illusion des Erfahrungslernen beschreibt Senge die Gefahr, in der Praxis etwas Schluss zu folgern, nur weil es in einem vermeintlich ähnlichen Kontext schon einmal so erfahren wurde. Weiter führt er das Lerndilemma aus, dass meist aus Erfahrungen gelernt wird, häufig aber nicht erfahren werden kann, wie sich die Entscheidungen auswirken. Als letzte Lernbeschränkung wird von Senge der Management-Mythos dargestellt, welcher die Annahme bei Mitarbeitern beschreibt, dass das Management-Team hat für alle Probleme Lösungen hat. Viele der gemeinsamen Entscheidungen von Mitarbeitern sind aufgrund dessen Entscheidungen, die keinem weh tun (Senge, 2001).

Zusammenfassend ist zu sagen, dass sich diese fünf Disziplinen als theoretische Grundpfeiler verstehen, die erlernt und beherrscht werden müssen, bevor diese praktischen Einsatz finden können. Weiterhin bedarf es eine große Lernbereitschaft jedes Mitglieds, um den Wandel zu einer lernenden Organisation zu realisieren, denn individuelles Lernen ist notwendig, damit sich ein soziales System verändert (Senge, 2001). Auffällig ist, dass Senge an vielen Stellen die Selbstreflexion und das lebenslange Lernen in den Fokus stellt. Eine besondere Bedeutung schreibt Senge auch seiner fünften Disziplin *Systemdenken*, die durch die Betrachtung aus einer Makroebene das Ganze erkennt und alles miteinander vernetzt. Die Relevanz wird nicht nur darin deutlich, dass Senge daraus eine eigenständige Disziplin macht und sein Buchtitel danach benennt, sondern auch im Kontext der genannten Lernbeschränkungen, beispielsweise des Ich-bin-meine-Position-Syndroms.

5 PRAXISBEISPIEL DER LERNENDEN ORGANISATION – DIE ADIDAS AG

Ob eine Organisation in der Praxis eine lernende Organisation ist, ist für Außenstehende nicht immer leicht zu erkennen. Es sei denn, es wird öffentlich kommuniziert. Die adidas AG, einer der international führenden Sportartikelhersteller aus Deutschland, ist eine solche Organisation - und veröffentlichte dies 2011 im Rahmen einer neuen Vision. Vor dem Hintergrund, dass adidas bereits im Jahre 1924 gegründet wurde, noch immer einer der führenden Sportartikelhersteller ist und heute ca. 60.000 Mitarbeiter weltweit beschäftigt (adidas AG, 2017), erscheint der Konzern als interessantes Fallbeispiel für diese Arbeit. Welche Hintergründe es bei dem Organisationswandel gibt und wie der Konzern den Weg realisieren vermag, wird in den nachfolgenden Kapiteln Inhalt finden.

5.1 Creating the New – Strategie und Vision bis 2020

„For us, it also starts with the aspiration to be the best. We want to be the best sports company in the world. This is what we are here for. This what we want to accomplish. We want to win. We make the rules. We are the creators. And: we are creating the new", kommuniziert adidas die neu ausgerufene Vision (adidas AG, 2015). Die daraus abgeleitete Strategie basiert auf fünf Grundpfeilern. Einen wichtigen Grundpfeiler bildet die Unternehmenskultur (siehe Abbildung 3).

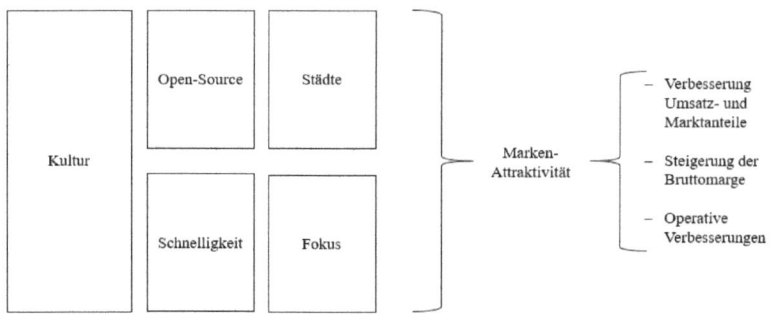

Abbildung 3: Strategie der adidas AG. Eigene Darstellung, entnommen aus der adidas Unternehmenspräsentation (2017)

Mit dieser Vision, globaler Marktführer zu werden strebt die adidas Group ein jährliches Umsatzwachstum von bis zu 12% an – bis zum Jahre 2020 (adidas AG, 2017). Für die Erreichung dieser Ziele ist ein strukturelleres und kulturelles Umdenken in der Organisation notwendig. Die Gestaltung einer einzigartigen Unternehmenskultur sowie die Entwicklung zu einer lernenden Organisation spielen dabei eine zentrale Rolle. Christian Kuhna, Director HR Strategy - Think Tank Future Trends & Innovation bei der adidas Group konkretisiert dies in einem Beitrag auf dem Unternehmensblog gameplan-a.com (adidas AG, 2014): „Zu diesem Zweck glauben wir, dass wir das Unternehmen zu einer lernenden Organisation weiterentwickeln müssen, indem wir eine Kultur des lebenslangen, selbstgesteuerten Lernens in einer kollaborativen Umgebung schaffen".

5.2   The New Way of Learning - auf dem Weg zur lernenden Organisation

Adidas erkennt, dass für diesen Weg Innovation und Zusammenarbeit gefördert werden muss. Kuhna (2014) definiert die Lernvision darin, den Konzern in eine echte lernende Organisation zu verwandeln, bei dem sich nachhaltiges Lernen als Wettbewerbsvorteil entwickelt. „Was wir wirklich zum Leben erwecken wollen, ist der integrierte Lebenszyklus von Innovation, Lernen und Wissensbewahrung und -transfer", beschreibt Kuhna (2014). Dabei steht Innovation für die Kreation von Wissen, Lernen für die Aneignung von neuen Wissens und Wissensbewahrung und -transfer für das Transferieren und Managen von Wissen (adidas AG, 2014). Als theoretisches Modell bezieht sich adidas dabei auf das

Lernmodell 70:20:10 von Charles Jennings. Laut diesem Modell stammen 70% der Lernerfolge aus beruflichen Herausforderungen, sogenannte on-the-job-experiences, 20% der Lernerfolge entstehen aus der Kooperation mit anderen und nur 10% der Lernerfolge sind auf formales Lernen zurückzuführen (Scott & Ferguson, 2016). Lernen mit Arbeit zu verbinden – darum geht es im Kern. Fünf Prinzipien stellt die adidas AG auf, um den neuen Weg des Lernens zu realisieren (Kuhna, 2014):

- Arbeiten ist Lernen und Lernen ist Arbeiten
- Offene, kollaborative und vernetzte Lernumgebung
- Führung bedeutet ständiges Teilen, Lehren und Lernen
- Innovation als Teil täglichen Arbeit
- Kultur des selbstgesteuerten lebenslangen Lernens, in dem jeder Mitarbeiter seine persönliche Entwicklung selbst gestalten kann

Damit diese Lernkultur erfolgreich integriert werden und gelebt werden kann, ist sie bei Führungskräften und im HRM fest verankert. So werden in Personalentwicklungsmaßnahmen Mitarbeiter zur Reflexion angeregt, in denen sie Inhalte, Motivation und eigene Einstellungen hinterfragen. (Hackl, Gerpott, Malessa & Jeckel, 2015). Aber auch im Arbeitsalltag hat die Förderung von Reflexion vergangener Erfolge und Fehler hohe Priorität, um aus der Vergangenheit zu lernen. Veränderungen der Umwelt wahrzunehmen – darauf ist die Kultur angelegt. Das stetige Lernen und der ständige Wandel werden somit zu einer Tatsache, auf die gemeinsam im Team reagiert werden kann (Hackl et. al 2015). Ein in der Literatur viel diskutiertes Thema, ist die Frage nach dem Wissensverbleib, wenn Mitarbeiter die Organisation verlassen. Adidas stellt sich dieser Frage provokant gegenüber und formuliert im Rahmen der Kommunikationskampagne des New Way Of Learnings: „What if we train people and they leave? Well, what if we don't train them and they stay?".

5.3   Die Entstehung einer Corporate University – der adidas Learning Campus

Bereits im November 2011 kündigt der Vorstandsvorsitzende Herbert Hainer auf einer Sitzung an, dass der Konzern weiter in seine Mitarbeiter investieren wird (Kuhna, 2014). Lernen für heutige und zukünftige Generation soll neu gedacht werden. Unter diesem Credo baut adidas einen eigenen Learning Campus auf. In der Personalabteilung des Centre of Excellence Learning, eine Abteilung, die mit neuen Technologien, Geschäftskonzepten auf bestimmte Forschungsbereiche verbunden ist, wird ein Team gebildet, das Ideen entwickelt, wie Lernen für heutige und zukünftige Generationen aussehen kann. Adidas erkennt die Chance, Lernen im 21. Jahrhundert neu zu positionieren und neu auszurichten. Unter dem Motto *Du lernst, wir wachsen* kreiert der Konzern eine Umgebung, in der man lehren und lernen, Wissen und Fähigkeiten vielfältig erwerben kann. „Unser Learning Campus ist inspiriert vom Cluetrain-Manifest, offenen Wissensinitiativen wie TED-Konferenzen und offenen Bildungsbewegungen wie Coursera, edX und andere. Wir möchten, dass es als Inkubator für Fähigkeiten dient, um innovative und ansprechende Lernumgebungen und -lösungen für gegenwärtige und zukünftige Generationen zu schaffen...", beschreibt Kuhna (2014). Der Digitale Learning Campus empfiehlt für jedes Trainingsthema, das ein Mitarbeiter angehen möchte, individuell passende Lernmodule. Dabei setzt adidas vor allem auf Vielfalt von Medien und Formaten, wie Videos, PDFs, Quizze, die mit externen Quellen, wie TED oder YouTube Videos, Blogs oder MOOCs bestückt sind (Meister, 2014).

6 KRITISCHE REFLEXION VON THEORIE UND PRAXIS

Der Autor erkennt, dass organisationales Lernen und die lernende Organisation nicht gleichzusetzen sind. Im Rahmen der Literaturanalyse ist oftmals eine Gleichsetzung und eine uneinheitliche Begriffsdefinition beider Konstrukte aufgefallen. Zudem beschreiben Argyris/ Schön (2008) zwar den organisationalen Lernprozess, mithilfe des Konzepts nach Senge (2001) wird jedoch deutlich, dass vor allem ein vernetztes, systemisches Denken und viele weitere Faktoren, wie Einstellungen, Normen und Werte wichtig sind. Vergleicht man das Konzept der lernenden Organisation nach Senge (2001) und das Praxisbeispiel der adidas AG lassen sich jedoch eine Vielzahl an Parallelen feststellen. Senge beschreibt mit den fünf Lerndisziplinen den Weg zu einer lernenden Organisation, die sich in ähnlicher Form auch in dem Konzept des neuen Lernens der adidas AG wiederfinden lassen. Die Disziplin Personal Mastery beschreibt Senge (2001) als die Disziplin, seine eigenen Stärken und Schwächen kennen zu lernen und verbindet es mit der Fähigkeit, sich selbst stetig weiterzuentwickeln. Für diesen Prozess bedarf es einer Umgebung, die dies ermöglicht (siehe Kapitel 3.2). Das Konzept der adidas AG ermöglicht es jedem Mitarbeiter, dass er individuell entscheiden kann, wann, was, wo und wie viel er lernt (adidas AG, 2014). Dies zeigt sich auch in den fünf Prinzipien der adidas AG. In einem Punkt heißt es, dass es eine Kultur des selbstgesteuerten lebenslangen Lernens zu schaffen gilt, in dem jeder Mitarbeiter seine persönliche Entwicklung selbst gestalten kann (siehe Kapitel 4.2). Das Ziel, eine Lernumgebung zu schaffen, ist daher in Anlehnung an Senge gegeben – für die Entscheidung, was jeder Mitarbeiter lernen möchte, ist eine vorherige, individuelle Reflexion mit den eigenen Stärken und Schwächen notwendig. Man könnte daher sagen, dass die Disziplin der persönlichen Meisterschaft von Senge eine Voraussetzung für den adidas Learning Campus ist. Auch die Disziplinen der gemeinsamen Vision, des Team-Lernens und des Systemdenkens, als vernetzende Disziplin lassen sich bei der adidas AG wiederfinden. Die gemeinsame Vision, globaler Marktführer zu werden, zeigt die klare Zukunftsrichtung auf, die durchaus ambitioniert ist und motivierend sein kann. Für das Team-Lernen bietet der adidas Learning Campus eine besondere Funktion. Diese Funktion ermöglicht, dass Mitarbeiter einzelne Lernmodule und ihre Inhalte mit einem Punktesystem und Kommentar bewerten müssen, vergleichbar mit den Funktionen der Plattformen Amazon oder YouTube (Meister, 2014). Man lernt von der Bewertung anderer, wie man selbst effizienter lernen kann. Team-Lernen wird aber auch in ähnlicher Form als Prinzip des neuen Lernens von adidas formuliert, in dem der Konzern den Begriff der Kollaboration aufgreift. Kollaboration von Wissen und das Prinzip, dass Führung ständiges Teilen, Lehren und Lernen bedeutet, signalisiert die Wichtigkeit des Team-Lernens bei adidas. Inwieweit die Disziplin des Systemdenkens nach Senge erfüllt wird, ist von dem Verfasser nicht mit validen Aussagen auszuführen. Man kann aber annehmen, dass der Konzern, besonders bei der Einführung des neuen Lernkonzepts, stetig das Ganze betrachtet sowie organisationale Zusammenhänge zu verstehen und zu reflektieren weiß.

Wie bereits einleitend in Kapitel 2 aufgeführt, sind es die einzelnen Individuen, die im Organisationskontext lernen (Senge, 2001). Auf welcher Art und Weise die Prozesse des organisationalen Lernens ablaufen, beschreibt das Konzept nach Argyris/ Schön. Auffällig ist dabei, die Zentralität der Aussage, dass Organisationen unter der Prämisse *detection and correction of errors* lernen. Dies bildet auch die Grundlage für die Lernprozesse des Single-Loop-Learnings und des Double-Loop-Learnings. Erst wenn eine Abweichung des angestrebten Ergebnisses vorliegt, greift ein Lernprozess ein, der eine Anpassung oder tiefergehende Veränderung auslöst (siehe Kapitel 2.3). Es scheint, als ist das organisationale Lernen nach Argyris/ Schön tendenziell passiv reagierend zu betrachten. Der Lernprozess steht immer in Abhängigkeit von externen Faktoren, beispielsweise die Abweichung des erwartenden Ergebnisses. Diese Stellung lässt sich auch in der literarischen Zusammenfassung der Merkmale lernender Organisationen nach Pieler (2003) wiederfinden (siehe Kapitel 3.1). Ein zentrales Merkmal ist dabei die Orientierung an die Umwelt, dass mit den Ausprägungen der permanenten Interpretation der Umwelt und der Anpassung an Veränderungen beschrieben wird. Das Praxisbeispiel dieser Seminararbeit zeigt jedoch, dass eine passive Stellung in der Umweltbetrachtung unter Umständen nicht ausreicht. Mit der Kommunikation der Vision, globaler Marktführer zu werden, orientiert sich die adidas AG zwar an der Umwelt, nimmt aber unter dem Motto create the new eine stark ausgeprägte *proaktive* Markstellung ein. Ziel ist es, den Markt aktiv zu gestalten, neue Innovationen zu schaffen und zukunftsorientierte Marktimpulse zu setzen, die wiederum als Umwelteinflüsse für Wettbewerber gelten. An dieser Stelle lässt sich auch die von Senge genannte Lernbeschränkung, die Illusion von Handlung anführen, welche dies unterstreicht (siehe Kapitel 3.2). Bloßes Reagieren statt aktives Gestalten schränkt die Fähigkeit des Lernens stark ein (Senge, 2001). Grundlegend kann man sagen, dass die adidas AG in ihrem Lernkonzept viele von Senge genannten Lernbeschränkungen berücksichtigt. Hervorstechend sind dabei die Prinzipien „Arbeiten ist Lernen und Lernen ist Arbeiten" und „Kultur … lebenslangen Lernens", welches an die von Senge aufgeführte Lernbeschränkung des Veranstaltungs-Fokus erinnert. Lernen ist ein integraler Bestandteil der Arbeit und keine temporäre Entwicklung. Wie erfolgreich das Lernkonzept der adidas AG tatsächlich integriert, angenommen und bis heute gelebt wird, ist für den Verfasser nicht zu beurteilen. Ein Indiz für den Erfolg könnte jedoch die Konzernpressemitteilung darstellen, in der adidas drei Jahre nach der Einführung des Learning Campus verkündet, die Umsatz- und Gewinnziele bis 2020 nochmals zu erhöhen (adidas AG, 2017).

7 DISKUSSION UND AUSBLICK

Einleitend wurde die Frage gestellt, wie Organisationen in den immer schneller und komplexer werdenden Märkten, eine möglichst hohe Anpassungsfähigkeit an externe Veränderungen entwickeln – und selbst durch innovative Veränderungen gestalten können. Unter Betrachtung des theoretischen Modells nach Argyris/ Schön (2008) konnten, wenn auch in stark eingeschränkter Form, organisationale Lernprozesse dargestellt werden. Organisationales Lernen bedeutet jedoch nicht gleich eine lernende Organisation. Wie Organisation eine hohe Anpassungsfähigkeit und selbst Marktimpulse aktiv gestalten können, konnte mithilfe des Konzepts nach Senge (2001) anschaulich dargestellt werden. Das neue Lernkonzept der adidas AG zeigt auf, dass in der betrieblichen Praxis ein solches bzw. ähnliches Konzept durchaus zum Einsatz kommen kann. Die in Kapitel 5 erkannten

Parallelen zwischen dem Lernkonzept der adidas AG und dem Konzept nach Senge unterstreichen diese praktische Relevanz. Aus Sicht des Verfassers gilt es jedoch zu prüfen, inwieweit sich die Marktpositionierung in dem Konzept der lernenden Organisation berücksichtigen lässt. Diese wird im Konzept der lernenden Organisationen als moderierende Variable vernachlässigt. Die adidas AG ist ein Beispiel, in der eine Vision zu Trage kommt, die äußerst zukunftsorientiert und neuschaffend ist. Für Organisationen, die beispielsweise aus dem KMU-Sektor stammen und Herausforderungen der Digitalisierung von Prozessen fokussieren müssen, um wettbewerbsfähig zu bleiben, gelten viele Inhalte aus dem Konzept nach Senge (2001) nur bedingt. Solche Organisationen sind gezwungen, zuerst auf externe Umweltanpassungen zu reagieren, bevor sie soweit sind, selbst gestalten zu können. Unter Umständen wollen diese Organisationen auch nicht aktiv gestalten. Das Konzept der lernenden Organisation scheint daher keine Anleitung zu sein, welches aus jedem beliebigen Unternehmen eine lernende Organisation entwickelt. Vielmehr gibt es Impulse für übergreifende Denkhaltungen, die zur Reflexion anregen. Das Fazit des Verfassers lautet: Man lernt nie aus.

8   LITERATURVERZEICHNIS

Adidas AG (2014). *Smarten up the people.* [Unternehmensbeitrag] Abgerufen am
26.05.2018 von https://www.adidas-
group.com/de/unternehmen/hintergrundstories/new/smarten-people/

Adidas AG (2015) How we create. [adidas Group Magazine] Abgerufen am 26.05.2018
von https://www.adidas-group.com/media/filer_public/c3/72/c37278e8-39a2-416d-
8170-e280e1944879/2015_magazin_en.pdf

Adidas AG (2016). *Adidas Group stellt neue digitale Plattform gameplan-a.com vor.*
[Pressemittelung] Abgerufen am 19.05.2018 von https://www.adidas-
group.com/de/medien/newsarchiv/pressemitteilungen/2016/adidas-group-stellt-neue-
digitale-plattform-gameplan-com-vor/

Adidas AG (2017). *Adidas erhöht Umsatz- und Gewinnziele bis 2020.* [Pressemittelung]
Abgerufen am 19.05.2018 von https://www.adidas-
group.com/de/medien/newsarchiv/pressemitteilungen/2017/adidas-erhoht-umsatz-
und-gewinnziele-bis-2020/

Adidas AG (2017). *Adidas Unternehmenspräsentation.* Abgerufen am 19.05.2018 von
https://www.adidas-group.com/media/filer_public/a5/20/a520a935-f374-447d-a38e-
e49f0aa8d5fb/private_shareholder_presentation_2017_weilheim_final.pdf

Argyris, C. (1977). *Wissen in Aktion – eine Fallstudie zur lernenden Organisation.* Klett-
Cotta

Argyris, C. (2006). *Single-Loop and Double-Loop Models in Research on Decision Making*
In: *Big Administrative Science Quarterly, Vol. 21, No. 3* (Sep., 1976) (pp. 363-375).
In: *Personality and Individual Differences* 41 (2006) (pp. 959-970). Abgerufen am
03.05.2018 von http://www.jstor.org/stable/2391848

Argyris, C./ Schön, D. (2008). *Die Lernende Organisation: Grundlagen, Methode, Praxis.* (3. Aufl.). Stuttgart: Schäffer-Poeschel Verlag

Bundesministerium für Arbeit und Soziales (2017). *Weißbuch Arbeiten 4.0.* Abgerufen am 03.05.2018 von http://www.bmas.de/DE/Service/Medien/Publikationen/a883-weissbuch.html

Dudenredaktion (o.J.): *„Lernen"* auf Duden online. Abgerufen am 03.05.2018 von https://www.duden.de/rechtschreibung/lernen

Easterby-Smith, M. & Lyles, M.A. (2011). *Handbook of organizational learning and knowledge management* (2nd ed.). United Kingdom: John Wiley & Sons Ltd

Kieser, A./ Kubicek, H. (1992): *Organisationen.* (3. Aufl.). Berlin

Kuhna, C. (2014). *Bringing the adidas group learning campus to life learning in the 21st century.* Abgerufen am 19.05.2018 unter https://www.gameplan-a.com/2014/03/bringing-the-adidas-group-learning-campus-to-life-learning-in-the-21st-century/

Meister, J. (2014). *A New Way Of Working And Learning: Adidas Style.* [Forbes] Abgerufen am 26.05.2018 von https://www.forbes.com/sites/jeannemeister/2014/07/21/a-new-way-of-working-and-learning-adidas-style/#7f0b9682adcc

Pieler, D. (2003). *Neue Wege zur lernenden Organisation.* (2. Aufl.). Gabler Verlag

Scott, S. & Ferguson, W. (2016). *New perspectives on 70:20:10.* Abgerufen am 27.05.2018 von https://eoeleadership.hee.nhs.uk/sites/default/files/new_perspectives_on_702010_2nd_edition_online.pdf

Senge, P. M. (2001). *Die fünfte Disziplin. Kunst und Praxis der lernenden Organisation.* (8. Aufl.) Stuttgart: Klett-Cotta

Stangl, W. (2018). *Stichwort: 'Lernen'.* Online Lexikon für Psychologie und Pädagogik. Abgerufen am 03.05.2018 von http://lexikon.stangl.eu/551/lernen/

Zukunftsinstitut Deutschland (2016). *Wissenskultur Glossar.* Abgerufen am 26.05.2018 von http://www.zukunftsinstitut.de/artikel/mtglossar/wissenskultur-glossar/